AF316892

LES COUPABLES

DES DÉSASTRES

DE LA FRANCE

PAR

J. J. A.

---

20 CENTIMES.

Paris, Octobre 1870

LES COUPABLES

DESASTRES DE LA FRANCE

Un crime contre la nation, contre la sainteté du serment, le coup d'État du 2 décembre 1851, avait porté
un homme sans mérites, sans antécédents louables, sur
le premier trône du monde. Enorgueilli par le succès facile de sa trahison, aidé par la phalange des couards et
des traîtres qui, comme lui, n'hésitèrent point à sacrifier
leur patrie en vue de leurs intérêts personnels ; Louis
Napoléon Bonaparte s'est cru dès lors non seulement le
maître despote de la France qu'il avait assoupie par des
apparences trompeuses, mais aussi le maître de l'univers.
Son gouvernement s'établit dès le commencement sur
le mensonge, la tromperie et le despotisme : son prestige
n'était que la terreur stimulée sous des nécessités d'ordre, et des myriades de mouchards de tout âge, de tout
sexe, déguisés de mille manières formèrent sa toute-puissance. Les Rouher, les Baroche, les Morny, les Billault, les
Persigny les Abatucci, les Baciocchi, les Pietri, les Conti,
les Walewski, les Maupas, les Troplong, les Magnan, les
Saint-Arnaud et cent autres. qui du néant se réveillèrent un beau matin les premiers personnages de l'État en
récompense de leur trahison de la veille, répandirent à
larges mains l'argent de la nation à la dernière classe de la
foule pour l'engager à crier avec eux *hosanna* au prétendu sauveur de la France.

Il y a bientôt vingt ans de cela, pendant lesquels la
France n'a eu à supporter qu'impositions de sang et d'argent pour enrichir les Bonaparte et leurs complices, et

pour soutenir des guerres stériles, nullement favorables aux intérêts français ; car elles n'ont été entreprises par Napoléon III que dans le seul but de se consolider sur le trône qu'il avait escamoté à la nation.

Mais le crime du 2 Décembre 1851 ne devait pas figurer tout seul dans l'histoire de l'homme le plus fatal à la France qui ait paru sur la terre au premier crime il en fallait un autre beaucoup plus exécrable : il n'avait point suffi à Napoléon III d'avoir trompé une fois la nation ; il lui fallait la tromper une seconde fois, et avec elle tromper aussi la fleur de notre armée.

La capitulation de Sedan sera à jamais une page d'infamie dans l'histoire du Bonaparte qui s'intitulait le troisième de sa race. Jamais tant d'humiliations à la fois n'ont pesé sur la généreuse nation française que sous le Gouvernement Impérial: 1814 et 1870 seront désormais deux dates néfastes pour les Français ! Jamais sous aucun règne, depuis qu'une histoire existe, l'on trouve qu'une armée forte de 80,000 hommes ait capitulé. Une telle force parle d'elle même ; elle n'admet pas de commentaires ; car il faut se connaître bien peu dans l'art militaire pour ne pas croire que 80,000 hommes ne soient pas toujours à même de se frayer un chemin à travers les masses de l'ennemi plutôt que d'être obligé à déposer les armes.

Sans Napoléon III à la tête ou au milieu de l'armée, la France n'aurait sans doute pas subi l'humiliation qui lui a été imposée par la défaite de Sedan. Nous défions de trouver un seul général qui ne soit pas de cet avis. Mais laissons de côté cet argument pénible et douloureux et marchons droit aux coupables et aux traitres, et à ceux qui ont été la cause principale des calamités de notre pays.

Les élections de 1869 avaient secoué la France de son

assoupissement : la grande nation se sentait fatiguée du despotisme qui l'écrasait, et si la campagne n'avait pas été ni tant pusillanime devant les menaces des autorités du Gouvernement Impérial, ni tant crédule aux promesses trompeuses des mandataires du despote du 2 Décembre, ni tant facile à la corruption des intrigants à la solde du Bonaparte, elle aurait certainement fait écho aux manifestations imposantes, contraires à l'empire, qui se sont produites dans tous les grands centres de population.

Quoi qu'il en soit, Napoléon III avait compris dès lors que son temps était fini et que la France reconnaissait déjà qu'il avait abusé d'elle ; il lui fallait par conséquent recourir aux expédients pour soutenir un trône qu'il sentait chanceler sous ses pieds. Dès lors la corruption, son arme de prédilection, fut mise à l'œuvre, et le ministère Ollivier en a été le résultat. Deux hommes se sauvèrent à temps de ce ministère ; ce sont MM. Daru et Buffet, mais soit que les menaces les aient intimidés, soit que des égards inopportuns les en aient empêchés, le fait est qu'ils n'ont pas eu le courage civil de manifester la cause pour laquelle ils se retiraient du Ministère. C'est ainsi que la France se trouva à la merci d'un ministère imposteur qui, sous les apparences de liberté, ne cherchait qu'à mieux l'asservir au despotisme du Bonaparte. Le ministère Ollivier, fort comme il l'était de la majorité coupablement complaisante et servile du corps législatif, qui en imposait toujours, si quelque patriote osait élever la voix en faveur des libertés de notre patrie, n'était qu'un lâche instrument dont voulait se servir le despote pour mieux marquer ses infâmes projets réactionnaires.

Dans ces entrefaites l'idée du plébiscite fut mise en avant par le ministère Ollivier, d'accord avec le Bonaparte, afin de paralyser les aspirations libérales de la

France et de fournir aux couards et aux lâches qui soutenaient l'Empire, une nouvelle occasion de tromper une fois de plus la nation et d'acquérir ainsi de nouveaux mérites vis-à-vis de leur maître. Les millions et les menaces produisirent l'énorme majorité de votes. Cependant Napoléon III et ses fidèles acolytes n'en étaient pas encore satisfaits ; les grandes villes n'avaient pas voté en masse et aveuglément comme la campagne en faveur de l'Empire ; l'armée également n'avait pas été unanime à voter favorablement ; en conséquence le triomphe ne leur paraissait pas bien sûr. Il leur fallait donc quelque moyen nouveau pour le consolider et ce moyen ne pouvait être que la guerre ou un nouveau 2 décembre.

La guerre, selon eux, en détruisant la fleur de la nation, énervant les forces principales de la génération nouvelle et bouillante, et faisant disparaître dans le gouffre de ses dépenses le **déficit** énorme du trésor national où les pilleurs et les voleurs puisaient des deux mains, pouvait seule assurer une longévité au trône du troisième des Bonaparte, et lui permettre de transmettre la couronne à son fils.

Les administrations infestées par l'élément Bonapartiste, les chefs partout agissant en proconsuls despotes, sûrs d'avance de l'immunité, quelques abus de pouvoir qu'ils aient pu commettre ; à l'étranger également la France mal représentée, puisque ce n'était qu'en raison du degré de faveur et de protection dont jouissait le candidat que les places étaient accordées ; tout alla son train et à pleines voiles, la presse presque toute mercenaire, aidant, parce que les journaux ne pouvaient pas survivre s'ils n'était pas tout à fait impérialistes ou tout au moins inoffensifs à l'Empire.

Ainsi la guerre a été déclarée à une puissance bien organisée et bien armée, et dont on n'ignorait pas les grands armements qui dataient de l'époque de notre dernière exposition, sans que la nation s'en doutât d'abord et sachant positivement que nous n'étions pas préparés pour une guerre quelconque. Vouloir aujourd'hui jeter la faute de nos désastres sur la tête d'un seul homme, sur celle du maréchal Lebœuf, ce serait émettre un verdict de non culpabilité à l'égard de tous les autres qui n'en sont pas moins coupables. Le maréchal Lebœuf était ministre de la guerre, il est vrai, mais sous le gouvernement d'un despote, un ministre comptait bien peu de chose, surtout dans les grands événements. Le maréchal Lebœuf n'est donc pas plus coupable que Napoléon III, que son ministre Ollivier, que ceux qui ont formé le cabinet du 2 janvier 1870, que les membres du cabinet Palikao, que tous ceux enfin de la majorité de la Chambre; car tous plus ou moins ont trahi la nation jusqu'au dernier moment; tous faisaient et servaient plus les intérêts de la Dynastie que ceux de la France ; tous ont contribué jusqu'à l'évidence à sacrifier la nation pour, sur ces ruines, rehausser le trône de l'auteur des assassinats du 2 décembre.

Le ministère Ollivier était, comme il est dit plus haut, un ministère sorti de la corruption. Des hommes qui, avaient su résister à la séduction du pouvoir et des honneurs, qui avaient jusque là nargué la flatterie, ces hommes courbèrent honteusement le front devant la séduction des promesses du Bonaparte, en sacrifiant pour lui un prestige et une popularité qu'ils avaient acquis par de longues années de lutte contre le pouvoir, et pour mieux tromper traîtreusement d'accord avec lui leur patrie. Que pouvait-elle espérer, la France, de ces hommes que s'étaient placés à sa tête couverts de la peau de l'agneau ? Comment pouvait-elle songer à son salut lorsqu'elle avait été réduite au silence et ne pouvait plus se mirer qu'à travers le prisme du mensonge ?

Les hommes qui ont composé le ministère Ollivier doivent être livrés à l'exécration des générations |françaises présentes et à venir ; leurs soutiens et tous ceux qui leur ont rendu facile la destruction de la France le doivent être également. Le ministère Palikao, qui n'a pas hésité à recueillir un si sale héritage et à le garder jusqu'à la catastrophe de Sedan qu'on pouvait épargner à la nation, doit être condamné à l'ignominie.

Les anciens Romains réduisaient en cendres jusqu'à la demeure du traître ; il lui était défendu à tout jamais de se servir de la qualification de *civis romanus*, et |son nom voué à éternelle infamie était sculpté sur le marbre et placardé sur la voie publique, afin que tout le monde et en tout temps pût le lire. En outre, le bannissement de la patrie était irrévocable pour le traître, lorsqu'il pouvait échapper à l'extrême supplice. Cette juste sévérité contre les traîtres fut constamment mise en pratique par les grandes républiques plus modernes, telles que celles de Gênes, de Venise et de Florence, où encore aujourd'hui on voit sur les murs des pierres d'infamie relatant les noms des traîtres.

La France au contraire les protège de son prestige contre la juste et légitime indignation de ses enfants, et leur facilite en outre le chemin afin qu'ils puissent se sauver et aller jouir ailleurs de leurs richesses, produits de leurs rapines et de leurs déprédations.

Ah ! pourquoi la grande âme de Robespierre n'est pas ressuscitée de son tombeau le 4 septembre au cri sacré de vive la République ! Où sont-ils les Danton, les Couthon, les Marrast, les Constant ? Hélas ! soixante dix-huit ans nous séparent de ces grands patriotes, de ces énergumènes de prodiges, auxquels pourtant la France, quelque sévères qu'aient été à leur égard les historiens, doit tout le progrès dont à juste titre elle peut être fière aujourd'hui !

Après les journées de Wissembourg et de Reischoffen,

quand on s'est aperçu que l'armée française n'était pas assez nombreuse pour pouvoir lutter contre les masses prussiennes, si la France avait eu à sa tête un gouvernement national, ou tout au moins un ministère loyal, elle n'aurait pas perdu si misérablement la meilleure de ses armées, et tant de ruines ne se seraient pas accumulées sur les malheureux départements qui sont aujourd'hui envahis par l'ennemi. Mais Napoléon qui, malgré les affirmations contraires du ministère, se trouvait toujours de fait à la tête de l'armée, recula à l'idée d'être obligé d'avouer ses fautes, et de rentrer à Paris. On aurait pu encore dès lors donner une impulsion meilleure à la guerre en laissant réellement le commandement de l'armée dans des mains beaucoup plus habiles que les siennes. La présence de l'Empereur fut cause que l'armée a été obligée de manœuvrer faussement et de se battre toujours avec un ennemi quatre à cinq fois plus nombreux qu'elle. Ajoutons en outre l'impéritie de quelques chefs, mieux faits pour les salons du palais de leur maître que pour défendre l'honneur de la patrie à la tête de ses enfants, et l'on comprendra aisément pourquoi la Prusse n'a marché que de triomphe en triomphe jusque sous les murs de la capitale. Mais si quand l'opinion populaire réclamait que le commandement enchef de l'armée fût ôté à celui en avait fait jusqu'alors un si mauvais usage et fût remis entre les mains de ceux sur lesquels la nation mettait toute sa confiance ; si au lieu de créer un ministère Palikao, qui n'était autre chose qu'un ministère dynastique, la régente avait formé un ministère véritablement national ; si quand l'armée avait été coupée, et que la jonction du corps commandé par Mac Mahon avec celui commandé par Bazaine devenait de plus en plus impossible, le ministre avait été sincère, est-ce que nous compterions aujourd'hui 150,000 prisonniers en Prusse, 400 canons perdus et un nombre énorme de blessés et de tués? A qui la faute de tant de désastres, si ce n'est à Napoléon III, à l'imposture du ministère Ollivier et aux mensonges du ministère Palikao?

Quand tous les journaux mercenaires, officiel et officieux, publiaient aux quatre vents que la conjonction de l'armée de Mac-Mahon avec celle de Bazaine était un fait accompli, ils mentaient solennellement ; il mentait également, le ministère qui leur insinuait de publier un tel mensonge, trompant ainsi la nation et l'armée elle-même. C'est à ces tromperies qu'est due la retraite de l'armée de la Moselle vers la frontière du Nord.

Le mouvement de l'armée de Mac-Mahon vers la frontière de Belgique a été mal calculé, et ne pouvait être provoqué que par une cause autre que celle imposée par les mouvements stratégiques des corps ennemis. Cette cause était la présence de l'empereur à l'armée : il fallait le protéger, et par conséquent exposer la meilleure partie de notre armée à des revers qui malheureusement se sont réalisés par la tragédie de Sedan.

Dès que Mac Mahon ne pouvait plus se joindre à Bazaine, il n'y avait d'autre expédient que de se replier sur Paris, couvrir la capitale et se refaire pour reprendre ensuite l'offensive. Mais on a perdu quinze jours précieux dans des tentatives impossibles, nous voulons dire, dans des essais pour rejoindre Bazaine; c'est ce qui s'explique aussi par les combats des derniers jours du mois d'août. Cette opiniâtreté inconcevable contre l'impossibilité ne fut que l'effet de la prépondérance d'un seul homme qui voulait à tout prix conserver son pouvoir, qu'il croyait désormais perdu sans le prestige d'une victoire, quelque grands sacrifices qu'elle eût coûté.

Il est clair et évident qu'une armée cinq à six fois inférieure en nombre à celle de son ennemi, en se retirant vers une frontière neutre était exposée à rester prisonnière ou à être repoussée sur le territoire neutre, et par conséquent enlevée à l'action. C'est ce qui est arrivé le 1er septembre. En outre, lorsque plus que jamais il avait besoin de tout son monde, Mac-Mahon s'est vu contraint de détourner de l'action un corps précieux de son armée pour protéger Napoléon et son nombreux état-major. Ainsi, après avoir été la cause de l'affaiblissement de l'armée de Mac-Mahon, l'homme fatal, l'infâme Napoléon, force encore cette vaillante armée, digne sans doute d'un meilleur sort, à une capitulation des plus honteuses qu'on puisse lire dans l'histoire des guerres. L'Autriche, dont l'armée en aucun temps n'a pu soutenir la comparaison avec l'armée française, n'a jamais subi une humiliation de cette nature.

Ah! que l'indignation de la France contre Napoléon III, contre sa dynastie, contre tous ses complices, contre tous ceux enfin qui oseraient parler de sa restauration, soit inexorable et sans merci! Les générations présentes l'exigent; les générations futures, l'histoire nous jugeront; ne nous rendons pas coupables, de faiblesse, ne soyons pas trop débonnaires. Que les traîtres reçoivent le châtiment qui leur est dû; que les lâches soient condamnés à l'opprobre; que les pilleurs et les concussionnaires soient forcés à rendre à la nation tout ce qu'ils lui ont volé!

Dès les premiers revers, si ceux qui étaient à la tête du gouvernement avaient eu du patriotisme, il était encore temps de réorganiser les forces vives de la nation afin d'opposer avec certitude de succès aux hordes qui nous menaçaient une armée formidable. Mais l'inertie était trop enracinée dans les administrations; tout devait se faire au moyen de la routine ordinaire; rien ne pouvait être bon que s'il ne venait d'en haut et s'il n'était appuyé de la protection des grands. La patrie était en danger, les premiers revers avaient commencé à peser sur nos malheureuses provinces de l'Est, et on ne voyait que de temps en temps paraître dans le journal officiel les décrets de la Régente ordonnant le rappel sous les armes de la garde nationale mobile tantôt d'un département tantôt d'un autre sans le moindre élan qui eût fait voir un ensemble de vues dans l'intérêt de la nation.

Est-ce que la garde nationale mobile de tous les départements ne devait pas être appelée sous les armes toute à la fois et avant même que la guerre fût déclarée, puisque la guerre avait été décidée? Est-ce qu'il ne devait pas y avoir des endroits fixés à l'avance pour y réunir cette milice et l'exercer dans le métier des armes? Mais nous dirons mieux encore, pourquoi ne l'a-t-on pas dès le commencement incorporée aux bataillons de dépôt de chaque régiment, au lieu d'en former une armée à part?

Le ministre Palikao qui plus d'une fois s'était vanté à la chambre d'avoir fait surgir des armées dessous terre et en peu de jours, pourrait-il nous dire où sont elles allées ces armées? cequ'elles sont devenues? Une loi du 10 août avait rappelé sous les armes les anciens militaires de 25 à 35 ans. En quelques jours avec de bonnes dispositions et des organisateurs intelligents et loyaux on aurait pu de tout ce monde former une véritable armée puissante et propre à tenir la campagne. Mais malheureusement pour nous, nous n'avions que des organisateurs de bals et d'orgies dont les Tuileries étaient le principal foyer : les organisateurs d'armées nous faisaient complétement défaut : nous avions des généraux très propres pour faire cortège à l'homme du 2 décembre, pour faire parade aux jours des grandes réceptions, mais nous n'avions pas des généraux capables d'improviser des armées nécessaires pour la défense de la patrie. S'il y en avait quelques uns, ceux-là étaient forcémenmt jugés ineptes par le gouvernement qui a trahi constamment la France, et ils devaient par conséquent rester ignorés.

S'il existait véritablement à Lyon une armée telle que je ministre Palikao se vantait d'enavoir ou situit au moins elle était en formation, Strasbourg aurait été dégagée de l'ennemi qui la cernait, n'aurait pas eu à souffrir tous les horreurs d'un siége meurtrier d'environ deux mois, n'aurait pas succombé, et l'esprit de nos populations envahies par les prussiens se serait relevé. Mais cette armée n'existait que sur le papier ou peut être dans l'imagination de M. Montaubant! Lyon n'avait point d'armée, et les espérances de salut de la patrie diminnaient chaque jour.

Cependant le ministère de la défense de la dynastie avait eu bien soin d'encombrer toutes les villes d'escouades de ses agents de police centuplées par suite des circonstances pour mieux comprimer les aspirations libérales des populations: il avait eu soin de ne former qu'un simulacre de garde nationale là où il n'avait pu s'opposer à son organisation. Mais les armes étaient parcimonieusement distribuées: aussi les villes toutes se trouvèrent sans armes à l'approche de l'ennemi et par conséquent dans l'impossibilité de se défendre.

Si tous ces faits qui ne forment malheureusement que l'histoire douloureuse de nos désastres, ne sont pas de nature à condamner sévèrement ceux qui en ont été la cause, alors qu'on ouvre les portes des bagnes et des prisons, parce que nos lois auraient condamné injustement tous ceux qui aujourd'hui y subissent leur peine.

En présence de la catastrophe de Sedan toute autre mesure que celle prise par l'unanimité des députés de la gauche et par la résolution énergique de la garde nationale et de la population entière de Paris, aurait été préjudiciable aux intérêts et à la défense de la France. Si au lieu de proclamer la République, seule planche de salut qui nous restait, l'on s'était borné à reconstituer un nouveau ministère de défense, on aurait laissé supposer que l'autorité impériale existait toujours, et la France serait tombée de plus en plus d'abime en abime sans pouvoir se relever que couverte de honte et de déshonneur.

La république, nous le répétons avec la plus profonde conviction de notre âme, était le seul moyen de faire cesser les calamités d'une guerre qui en définitive n'est qu'une tuerie.

Précisément pour cela même qu'elle avait été proclamée et était représentée par les députés de la gauche del a chambre, par ceux qui avaient eu le courage civil et national de protester contre la guerre que le gouvernement impérial allait déclarer à la Prusse, pour cela disonsnous, la proclamation de la république devait mettre fin au carnage qui se fait depuis deux mois au détriment de l'humanité et en dépit de la civilisation et du progrès. Mais enivré des grands succès de ses armées, le roi Guillaume a repoussé la main amicale et fraternelle que la république lui tendait; il a prétendu imposer à la France, qu'un gouvernement infâme et traitre a livrée à l'invasion mains et pieds liés, des conditions humiliantes pour l'honneur du pays ; il a prétendu nous traiter en maître despote, en vainqueur impitoyable.

Dès lors nous nous écrions du profond de notre cœur: aux armes, enfants tous du sol sacré de la Patrie ; aux armes contre les Vandales qui nous outragent. La France n'est pas encore ensevelie sous ses ruines pour qu'un despote teuton ose la traiter en esclave. France des Turenne, des Catinat, des Jourdan, des Marceau, des Masséna, des Lannes, des Desaix, réveille-toi ; ce sont les neveux de ceux que tu as défaits à Iéna, qui osent t'insulter aujourd'hui. Fais leur voir que l'épée de Brennus ne s'est pas rouillée dans son fourreau, tire-la, et elle deviendra, comme toujours, la terreur des tyrans.

Et vous, généreux citoyens, qui dans les moments périlleux de la Patrie n'avez pas hésité à vous charger de la lourde et difficile besogne de la défendre et de la venger, soyez à la hauteur de votre tâche, sachez imiter vos devanciers de 93. La France doit être vengée non-seulement des Prussiens qui ont violé son sol sacré, mais elle doit l'être également des Prussiens de l'intérieur, de ceux qui ont contribué à sa ruine par leurs injustices, par leur despotisme et par leurs actes arbitraires.

Vous avez aboli, jamais trop tôt, l'infâme et injuste article 75 de la constitution de l'an VIII ; mais il faut que cette abolition ne soit pas un vain mot.

Dans toutes les administrations en France et ailleurs où le pays est représenté, où des citoyens ont besoin d'être protégés, il est de votre devoir de faire parvenir l'étincelle vivifiante du droit et de la justice. Partout la justice doit se faire jour ; partout vous aurez des abus de pouvoir, des actes indignes et arbitraires à châtier, des torts à réparer, des injustices à relever. Il faut que tous ceux qui sous le gouvernement despotique, n'ont fait que du despotisme quittent désormais leur poste ou que la république les en chasse. Que de familles réduites à la misère, que d'innocents cruellement traités, impitoyablement persécutés par les proconsuls du tyran, du Bonaparte !

Oui, messieurs, vous devez être sévères, inexorables, si vous ne voulez pas être jugés coupables à l'instar de ceux qui favorisaient le gouvernement déchu. Le gouvernement de la République doit être non-seulement un gouvernement vengeur de la patrie, mais en outre un gouvernement réparateur des torts, des persécutions et des injustices subies par les enfants de la France sous l'infâme empire. Partout en France et à l'étranger les enfants de notre chère patrie ont eu à souffrir du despotisme des satellites de l'exécrable Bonaparte. Il faut; donc que ces tyrans en miniature disparaissent de nos administrations et qu'ils subissent à leur tour la peine qu'ils méritent : il faut qu'ils comparaissent à la barre de l'opinion publique, devant le tribunal sévère du peuple pour rendre compte de leurs méfaits, autrement vous n'aurez changé que le nom du gouvernement déchu, et rien de plus.

Frappez donc sans merci, la patrie vous applaudira ; écoutez toutes les plaintes justes et incontestables des citoyens victimes du régime passé ; invitez les à exposer leurs griefs contre les tyrans au service de Bonaparte ; ouvrez des enquêtes, faites tomber de leur visage le masque du mensonge, de l'imposture et de l'arbitraire sous lequel ils sont encore déguisés, et vous préparerez ainsi à la France un avenir heureux ; vous assurerez à vos concitoyens la protection de la justice, et la patrie reconnaissante verra en vous les dignes descendants de ses glorieux et immortels enfants de 1789.